まえがき

清掃という仕事は、国内はもちろん、世界中でたくさんの人々が活躍しています。

この「清掃という仕事の素晴らしさを世の中の方々に伝えたい」。また、この業界で働いている皆さんに、私たちがやっている清掃という仕事は「世の中の多くの方々の役に立っているということを伝えたい」。そして、「業界の皆さんに自信と誇りをもっていただきたい！」という思いで本書を出版いたしました。

本書主役の水口さんは、「清掃」という仕事が心から大好きで、仕事に自信と誇りをもって毎日の仕事をしています。そして、仕事の仲間や周囲の方々に元気と勇気を与えています。このように現場で活躍する仲間たちが我が社の大切な大切な財産です。

当業界は、戦後に発足した業界で、我が社が所属する「公益社団法人 福岡県ビルメンテナンス協会」も今年で50周年になります。

「建築物における衛生的環境の確保に関する法律（建築物衛生法）」が昭和45年に制定され、建築物における衛生的な環境の確保を図り、公衆衛生の向上及び増進に資することを目的として定められております。多数の人々が使用し、又は利用する建築物の維持管理に関して、環境衛生上必要な事項等が内容となっております。

つまり、日本では、この建築物衛生法に基づき、私たちの業界があらゆる建物において衛生的な環境を維持管理しているからこそ、国民のみなさんが当たり前に安心して生活できているのです。

その中には、あらゆる業務項目がありますが、その中の主要業務の一つが今回の「ビル清掃」になります。「私たちにできることは何か?」、「役に立つことは何か?」から考え行動します。

私たちは、ビル清掃の「きれい」を通して、「周囲の人々に笑顔と輝きを!」「建物に輝きを!」「世界中に輝きを!」という思いでこれからも業務を行なってまいります。

令和4年12月

株式会社セイビ九州　代表取締役社長　森永 幸次郎

私 水口亜矢
アラサー女子です

先月派遣事務員の仕事が
期間満了し
新しい仕事を探しています

次は長く
働きたいな…

う～ん
これから先も
なくならない仕事って
なんだろ

は～っ

0:30

AI・ロボットの進化で
10年後にはなくなる仕事

5

ん？

株式会社セイビ九州

清掃スタッフ募集、年齢不問、初心者OK

清掃…！

面接会場

当社を志望された動機は？

清掃は　今後もなくならない仕事だからです！

清掃業務の経験は？

あ　ありませんでも…

好きになる自信があります！

1ヵ月後——

今日から新人研修を始めます

実技とマナーの基本を2日間で学んでもらいます

はい！

いよいよスタートラインについた！

現場責任者・城戸

ビル清掃には大きく分けて「日常清掃」と「定期清掃」があります

日常清掃は床やトイレ エレベーター エントランスなどを対象とした基本清掃

また これだけでは維持管理できにくい箇所

つまり床のワックスやカーペット・窓ガラスなどをきれいにするのが定期清掃です

基本実技指導

マナー研修

10分休憩！

大丈夫！現場で身についていくから

こんなにたくさん覚えられないって顔してるわね

ギクッ！

ぐったり

はっ

水口さん 分かる？

えっ、ええと…

清掃では大切にすべきことが3つあります

ホウキ チリトリ ぞうきんです！

それはそれで大切ですが…

清掃で大切なのは品質 効率 そして真心です

清掃の品質を上げるには技術や知識が不可欠

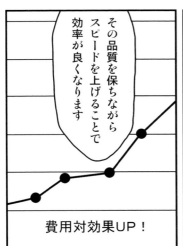

その品質を保ちながらスピードを上げることで効率が良くなります

費用対効果UP！

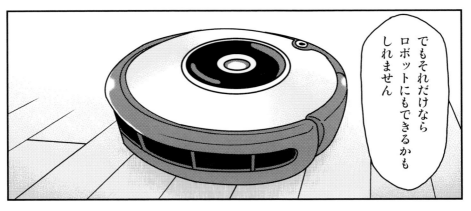

でもそれだけならロボットにもできるかもしれません

現場初日――

まずは1階西口側のトイレからです

あなたは奥！私は入口から

はい！

私のデビュー戦だ！

よし 1室完了！

あれ？ もしや私の方が早かった!?

3室 終わりました

早すぎ！

ふぅ～っ

あんぐり

あとは洗面台とごみ回収！

は、はい！

完了です！

チェックします

どきどき

荷物乗せに水滴あり
鏡の拭きムラあり！

うっ…厳しい

ツルン

14

次は3階の
フロア清掃です

え？この階は…

このビルは1、2階が店舗だから
お客様が多い時間は
フロア清掃しないの

なるほど

あなたは
エレベーターホールの左側を

はい

今日はここまで
お疲れさま

は〜っ

はい

15

ほら 見てみて

え…

フロアがこんなにきれいになった

これが私たちの仕事の成果です

は…はいっ！

よ～し！明日も頑張ろう！

意外と単純…

16

ラ、ラバ？
カ、ップ
？？

水口さん！
ラバーカップ持ってきて！

宮本先輩

これよこれ！
トイレの！

あ "スッポン" ですね！

今日の現場はSKないから
PSにあるわよ

え？え？

もう！
ついてきなさい

わわわ

PSってのはパイプスペース　倉庫代わりに使うこともある

ちなみにSKはスロップシンク　トイレとかにある流し付きの倉庫ね

あ　見たことあります

ついでにウエスの新しいやつもってきて

ウ…ウエス?

ここはジザイボーキで

イトラーグ交換

ダスターちょうだい

ぽや〜んっ

会話が成立しない!

それはこっちのセリフです

は〜っ

どんな業界でも専門用語は必須

経験を積めば誰でも覚えるから安心して

はい…

あれ？

ふう

専門用語って難しいな…

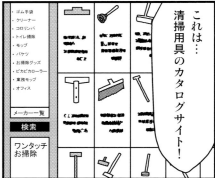

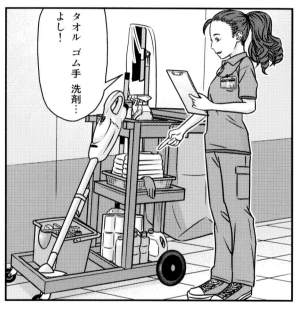

これじゃ1日もたないでしょ!

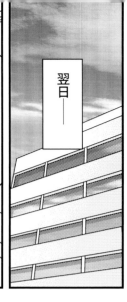

翌日——

チェックリストと照合したんですが

しょぼ〜ん

洗剤は満タンにしないとダメ!

とりあえず事務所のストックから即調達!

あと、ついでにタオルも持ってきて

青の大が6枚と白の小を10枚ね

わかりました!

22

バックヤードは
走らない！

おっと！

事務所

青が6の白が10と

持ってきました！！

これも違～う！
青の大と白の小って言ったのに
これは両方とも中サイズ

すみません…

ちんまり…

23

どうしてこんなに面倒なことをするか分かる？

それは…

タオルは使う場所によって色分け・サイズ分けします

たとえばこんな感じ

分かりやすい！

タオルの使い方

青は鏡用

赤は便座からぶき用

黄色は洗面台用

正解！

見た目がキレイなだけでなく本当に清潔にするためです

ビル清掃の現場では タオルを何種類も使い分けます色で衛生面を視覚化しサイズも適材適所で複数用意

便座の裏表のように肌が直接触れる場所・触れない場所も使い分けを徹底しゴム手袋を使うシーンも細かく指定されています

「自分が使う立場だったら」と考えることが重要です

やれやれ

あ…あそこにも!

おっと!

ぽろっ

し〜んっ

…って誰もいない!

フロアを突っ切れば追いつけるかな…

こそこそ…

セレクトショップ
niwakakids

ちょっときみ

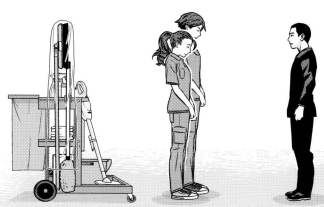

清掃が間に合わないよりフロアを横切った方が…

言い訳無用です

清掃以外でフロアには出ちゃダメって言ったでしょ？

カートを押している時は大型トラックの運転手なみの死角があります

もし小さい子にぶつけたりしたら大変なことになってしまう

ここは私たちのために作られた場所

そんな危険を避けるためにバックヤードがあるんです

お客様は入れないんだから堂々と歩きなさい！

はいっ！

【ビル清掃の鉄則】
清掃スタッフは原則として
フロアではなくバックヤードを
使って移動します
それは何より安全確保のため

来館者 入居者 ビルオーナー
その全てに配慮した動きが
求められます バックヤードで
迷子になるスタッフも多いので
動線はしっかり覚えておきましょう

28

"美しい世の中" への出発点

ここまで、一人の女性が清掃業界に飛び込み、研修を経て、現場に出るまでのシーンを描いてきました。本シリーズではそんな彼女が成長していく様子を、いくつかのステップに分けて紹介していきたいと思います。

本作の主人公・水口亜矢は、現場で戸惑い、時に挫折しそうになったりしながらも、まわりのサポートと持ち前の明るさで乗り越えていきます。これらの場面で彼女が体験する現実は、特別なことではありません。事実、清掃は重労働であり、きれいな仕事でもないので、特に新人スタッフにとっては日々が驚きの連続になります。しかし、清掃なくして快適な世の中はあり得ません。常に社会から必要とされ、そしてこれからも必要とされ続ける大切な仕事です。ここで思い出される一篇の詩があります。詩

人・濱口國雄の『便所掃除』という作品です。

学校教育などで教材として扱われ、映画『男はつらいよ』シリーズの中でも紹介されたことがあるので、ご存知の方も多いかもしれません。この詩は昭和時代のトイレ清掃を描いたもので、かなり過酷な状況が描写されています。今では環境も変わり、ここまでの重労働ではなくなりましたが、詩の根底に流れるものは変わりません。特に印象的なのは途中に出てくる一節で、詩人は「美しくするのが僕らの務めです」と語り、続けて「美しい世の中もこんな処から出発するのでしょう」とくくっています。力強く、そして爽やかな解放感に溢れた素敵なフレーズです。

この詩が書かれたのは昭和50年代ですが、記憶に新しいところでは、平成の時代に『トイレの神様』という楽曲や本、ドラマなどが大ヒットしたことが

ありました。こちらにも相通ずるものがあると感じます。そして、ビル清掃の仕事も同じです。床を掃く、手すりを拭く、窓を磨き上げるといった作業を通して施設をきれいにし、利用者に喜んでいただき、そうした作業を通して自分の内面も磨いていくのです。

我が社では、漫画で描かれた通り、研修において①品質、②効率、③真心を大切にしましょうと伝えます。その中で、技術の向上や効率化は、年月と共に徐々に身についていくかもしれませんが、"真心"はそうはいきません。理屈で身につくものではなく、経験を通し感覚として育むものだからです。そのため、スタッフはこの言葉をリレーするように、ベテランから新人へと伝えていきます。清掃は「汚れを落とす作業」だけでは終わらない。そこには真心が必要。この意味に主人公は気付くことができるのでしょうか。どうぞ続きをご覧ください。

それなら覚えられそう！

先輩の了解を得て動画を撮るのも一案ね

スマホ使っていいんですか？

仕事上の使用はOK！

引き算？

なぜ算数が？

あとは要領の問題　清掃作業は引き算で考えなきゃ

まずその日に行う場所を並べて…

トランプのポーカーのように、床、エレベーター、エントランスまわり、給湯室、トイレ、階段、ゴミ置き場、外周、とカードを並べる

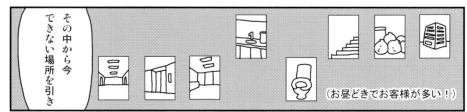

その中から今できない場所を引き

（お昼どきでお客様が多い！）

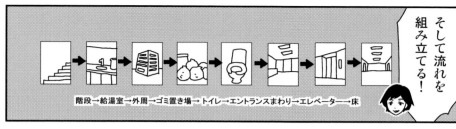

そして流れを組み立てる！

階段→給湯室→外周→ゴミ置き場→トイレ→エントランスまわり→エレベーター→床

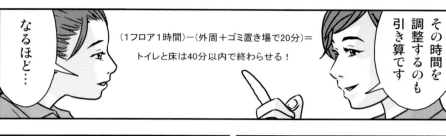

その時間を調整するのも引き算です

（1フロア1時間）−（外周＋ゴミ置き場で20分）＝
トイレと床は40分以内で終わらせる！

なるほど…

そういえば…
ビルの汚れを落としてキレイにするのも引き算ですね

ご名答！

【清掃上達の極意】
清掃作業の上達は先輩の技術や知識をいかにうまくコピーできるかというところから始まります

それに加えがむしゃらに作業するばかりでなく

全体の組み立てや先読みをする力

現場に合わせて臨機応変に動く柔軟さも必要

限られた時間でいかに高品質の清掃を提供できるかが家庭の清掃とは異なるプロとしての技量になります

今の方
このビルの社長様よ
あなた 後ろが全然見えて
いないわね

しゃ
社長!?

だって
頑張っても後ろは
見えません!

いや そうじゃなくて

清掃中にも お客様は
まわりにいらっしゃるから
注意を怠ったらダメ

自動車学校で
後方確認はどう習った?

えっと…

ルームミラーとバックミラー
場面によって目視です

時々振り返りながら
周囲の動きも予測して
作業を進めなさい

清掃中も同じ
お店のウィンドウや
トイレの鏡に映る影にも
気を配って

【清掃は常にお客様第一】

清掃作業は黙々と下を見て
進めることが多いため

つい視野が狭くなりお客様の動きを
見落とすこともあります

特に「掃く」という前進作業より
「拭く」の後退作業でアクシデントが
起こりがちです

現場では常にお客様ファーストを
心掛け周りに気を配り続ける注意深さが
求められます

何回か
やりましょう

今日は雨だから
エントランスが…

1フロア1時間…
急がなきゃ

…………

少しでもきれい…
1秒でも早く!

水口さん

あと1分で
終わります!

このフロアが終わったら
少し休みましょう

あ…はい

ねぇ
研修で伝えた
大切な3つ
覚えてる?

品質 効率 真心です

そう 最近のあなたは品質も効率も向上しています

でも 真心ってよく分かりません…

でも 真心を忘れている気がする

じゃあ あなたは何を考えて清掃をしてるの?

何を…?

あなたの目には
この建物がただのハコに
映っているかもしれない

私はこのビルを我が子
みたいに思ってるわよ

赤ん坊を沐浴させる気持ちで
毎日きれいにするの

そういえば
うちにも厄介な相棒が…

気持ちが入れば
それ以上のものに感じる
だからきれいにする

それが使う人の笑顔を誘い
自分も笑顔になる

これはロボットには理解できない人の"情緒"の部分です

真心とは言ってみれば相手を思いやる"利他の心"です

利他の心?

そう 目の前の相手や周りの方のために相手を優先して行動しようとする心よ

今のあなたは自分の仕事をこなすことだけで頭がいっぱいで

私たちが何のために働いているのかを見失っているように思えるわ

清掃でもどんな仕事でも忘れてはいけないことは

相手に喜ばれることや役に立つためにやっているということじゃない?

……

面接の時 あなたの笑顔は とても素敵で この人なら "利他の心" を持って 仕事ができると思ったの

好きになる 自信があります！

まぁ 少し考えてみて

そういえば 最近笑ってなかったな…

"利他の心" か…

日曜日——

客として来ると風景が違って見える…

みんな楽しそう…

『あなたの目には
この建物がただのハコに
映っているかもじれない』

でも気持ちが入れば
それ以上のものに感じる
だからきれいにする

それが使う人の笑顔を誘い
自分も笑顔になる』

分かった
気がする！

うん！

private revolution

tenji

PUG BURGER

おっ 毎日ありがとう

あっ 社長さん
足元 気を付けて
くださいね！

44

あとがき

本書は、既刊の「ホテル清掃」編の姉妹版、セイビ九州の業務の軸のひとつである「ビル清掃」編です。未経験でビル清掃の仕事に飛び込んだ一人の女性の成長を通して、ビル清掃とは何かを描いています。

社会全体で人手不足が叫ばれる中、ビル清掃はどちらかと言えば求職者が集まりづらいカテゴリーに入りますが、幸い当社では優秀な人材と高品質のサービスを各施設に提供し続けることができています。こうした実績は何よりもクライアントの皆様の支えによるものであり、社員共々深く感謝しております。

もちろんサービスが持続できているのは偶然ではなく、スタッフが長く働けるよう仕事に喜びを見出すことができる環境づくりに注力していることや、スタッフ一人ひとりがそれに応えて努力しているといったことが背景にあります。トップから現場まで、全員で創り出しているのがセイビ九州の清掃サービスです。

この清掃サービスで大切なものは、第一に〝品質〟であることは言うまでもありません。当社でも〝究極の美しさ〟を目指して、スタッフは日々研鑽を積んでいます。また、同じように大切なのが〝安全・安心〟のサービスを提供すること。漫画本編の中で語られているように、人の触れるところ・触れないところを区別する、清掃中は常に周囲に気を配る、極力フロアに出ない、といった

48

ことに細心の注意を払う必要があります。こうした清掃サービスを実践する上でカギになるのが、この物語でも何度か語られた「真心」という部分です。

真心については、研修でも実作業の中でも繰り返し伝えています。では、真心とは何でしょうか。あいまいな言葉なので定義は難しいかもしれません。辞書にも色々な意味が書かれていますが、私たちが清掃で使う時には「他者のことを思いやって、尽くすこと」という意味でこの言葉を捉えています。この心なくしては、清掃は成り立ちません。言わば〝奉仕の精神〟。他者に奉仕することは自己肯定につながり、その気持ちがさらに美しい清掃を生み、その結果がさらに他者を喜ばせる、という好循環が生まれるのです。

　　　＊　　　＊　　　＊

本作の冒頭では、面接の際に主人公が「今後もなくならない仕事だから」と語るシーンがあります。これは長く勤めたいというモチベーションのある人にはとても重要な要素でしょう。実際、インターネットで「AI　ロボット　なくなる仕事」などといったキーワードで検索すると様々なリストやランキングがヒットし、清掃員は「なくなる」「なくならない」の両方に出てきます。一見不思議な気もしますが、各ページを詳しく見ていると謎が解けます。多くのサイトで共通しているのは「ホスピタリティが求められる仕事はなくならない」という点です。「清掃員にホスピタリティは必要ない」と考える人にとっては、ロボットが床を掃除すればいいということになるのかもしれ

ません。

私たちは、清掃という仕事にホスピタリティは不可欠なものだと考えています。参考までに、当社では業務の取り組みについて7つの指針を掲げていますが、その1つは以下のようなものです。

私たちは、仕事を通して「人格形成」をし、人のために働く喜びと、お互いの幸福について学習し、人間としての心を磨きます。

この人格形成によって育まれるのが前述の〝奉仕の精神〟であり、ホスピタリティです。それは〝真心〟にもつながり、やがて自分に返ってきて仕事の〝やりがい〟を生み出してもくれます。

さて、本作の主人公は自分なりの〝やりがい〟を見つけ、清掃のプロに向けて1段ステップアップしたようです。現実も同様で、スタッフは皆、仕事の中で何度も壁にぶち当たり、それを乗り越え、あるいは突き破って、自信をつけながらキャリアを積んでいきます。新米スタッフの水口亜矢もまた新たな壁に向き合うことになるでしょう。彼女が今後どのように成長していくのか、次回作にもご期待ください。

令和4年12月

株式会社セイビ九州　代表取締役社長　森永 幸次郎

《編　著》

㈱セイビ九州

本社：〒 812-0011 福岡市博多区博多駅前 1-19-3 博多小松ビル 3F
TEL：092-451-4313　FAX：092-451-4315
https://www.seibiq.co.jp/

《SPECIAL THANKS》

シナリオ　浮辺剛史

ビル清掃の魔法 ―幸循環を生み出すクリーンクルーのマジック―

令和 5 年 1 月 15 日　初版発行

編　　　著　㈱セイビ九州
マ ン ガ　松本康史
発 行 者　田村志朗
発 行 所　㈱梓書院
　　　　　〒 812-0044 福岡市博多区千代 3 丁目 2-1
　　　　　tel 092-643-7075　fax 092-643-7095